Impressum
Verlag: BABADADA GmbH, Nedderfeld 112 , 22529 Hamburg
Geschäftsführer / Verlagsleitung: Harald Hof
Druck: Books on Demand GmbH, In de Tarpen 42, 22848 Norderstedt

Imprint
Publisher: BABADADA GmbH, Nedderfeld 112 , 22529 Hamburg, Germany
Managing Director / Publishing direction: Harald Hof
Print: Books on Demand GmbH, In de Tarpen 42, 22848 Norderstedt, Germany

la escuela

sekolah

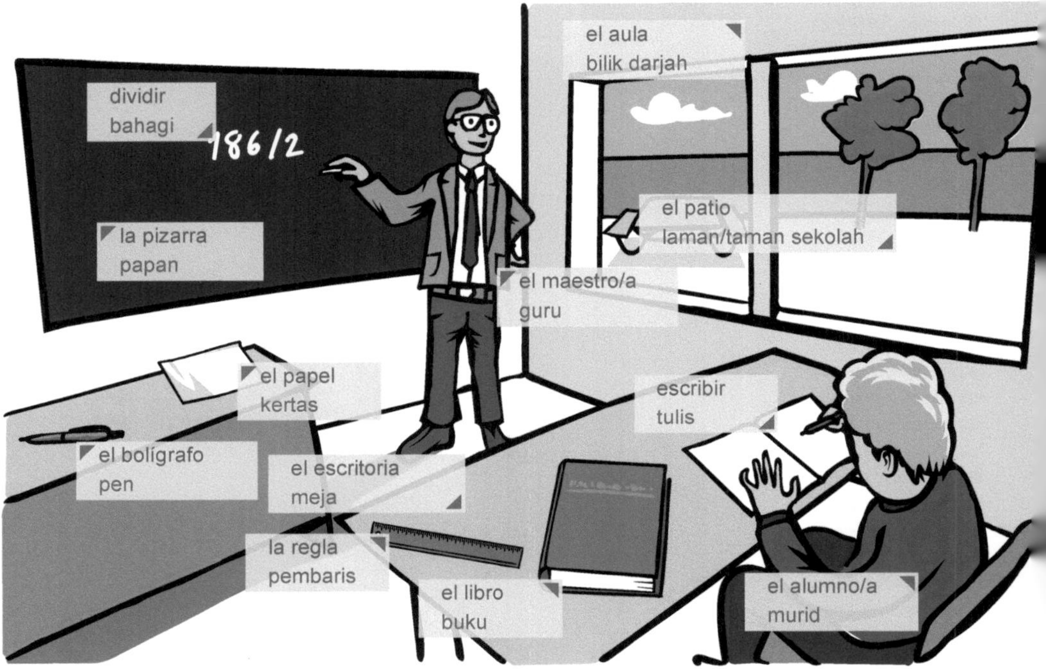
el aula
bilik darjah
dividir
bahagi
186/2
la pizarra
papan
el patio
laman/taman sekolah
el maestro/a
guru
el papel
kertas
escribir
tulis
el bolígrafo
pen
el escritoria
meja
la regla
pembaris
el libro
buku
el alumno/a
murid

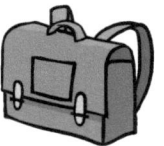

la cartera

beg galas

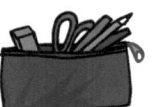

la caja de lápices

kotak pensel

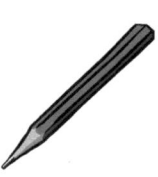

el lápiz

pensel

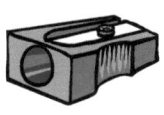

el sacapuntas

pengasah pensel

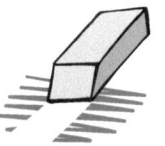

la goma de borrar

pemadam

el cuaderno de dibujo

kertas lukisan

el dibujo
melukis

el pincel
berus lukis

la caja de pinturas
kotak warna

las tijeras
gunting

el pegamento
gam

el cuaderno de ejercicios
buku latihan

los deberes
kerja rumah

12

el número
nombor

2+2

sumar
tambah

5-2

restar
tolak

2×2

multiplicar
darab

calcular
kira

la letra
huruf

ABCDEFG HIJKLMN OPQRSTU VWXYZ

el alfabeto
abjad

la palabra
kata

el texto

teks

leer

baca

la tiza

kapur

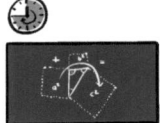

la lección

pelajaran

el cuaderno de notas

daftar

el examen

peperiksaan

el certificado

sijil

el uniforme

uniform sekolah

la educación

pendidikan

la enciclopedia

ensiklopedia

la universidad

universiti

el microscopio

mikroskop

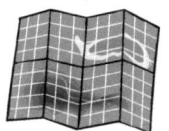

el mapa

peta

la papelera

bakul sampah

el viaje
berjalan

el hotel
hotel
Grand
el albergue
asrama
ROOMS
icina de cambio de divisas
bat tukaran mata wang
la maleta
beg pakaian
el coche
kereta

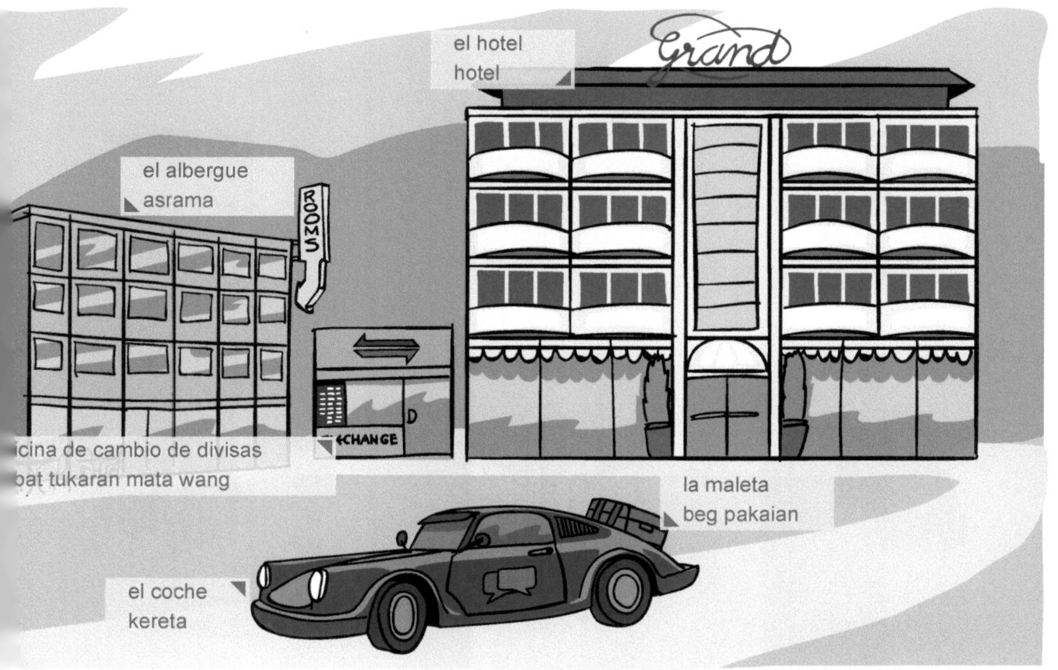

el idioma
bahasa

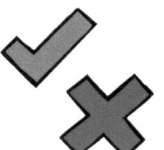

sí / no
ya / tidak

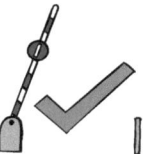

Vale
okey

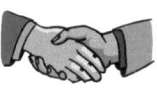

hola
helo

el traductor
penterjemah

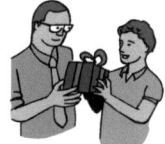

Gracias
Terima kasih

¿cuánto es...?

berapa banyak...?

No entiendo

saya tidak faham

el problema

masalah

¡Buenas tardes!

Selamat petang!

¡Buenos días!

Selamat Pagi!

¡Buenas noches!

Selamat Malam!

adiós

selamat tinggal

la dirección

arah

el equipaje

bagasi

la bolsa

beg

la mochila

beg galas

el invitado

tetamu

la habitación

bilik tidur

el saco de dormir

beg tidur

la tienda de campaña

khemah

la información turística

maklumat pelancong

la playa

pantai

la tarjeta de crédito

kad kredit

el desayuno

sarapan

el almuerzo

makan tengah hari

la cena

makan malam

el billete

tiket

el ascensor

lif

el sello

setem

la frontera

sempadan

la aduana

kastam

la embajada

kedutaan

la visa

visa

el pasaporte

pasport

el transporte
pengangkutan

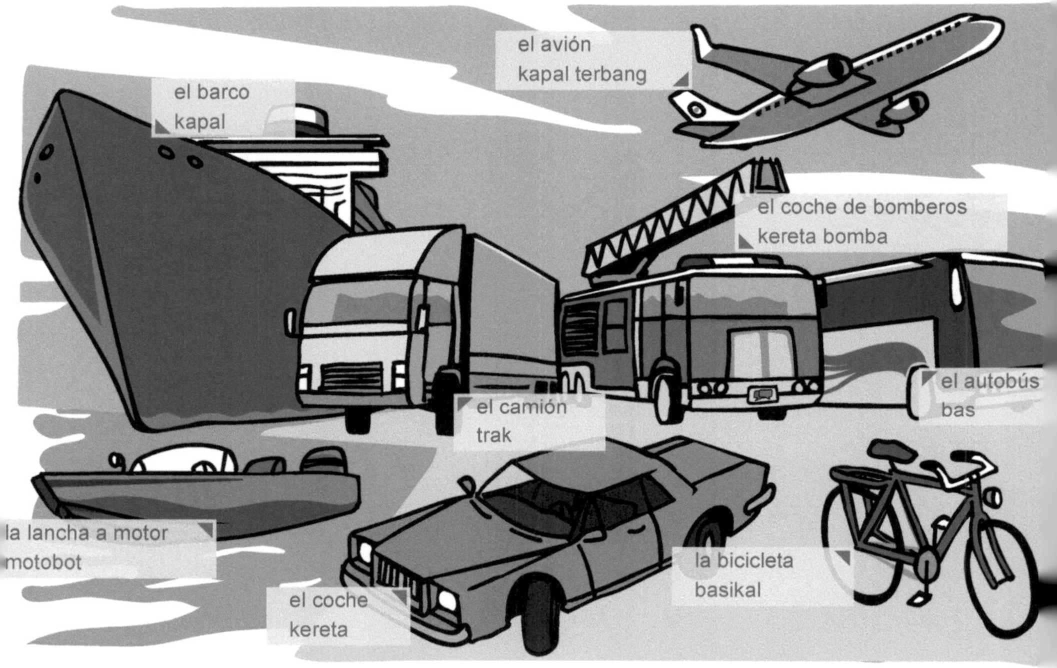

el avión
kapal terbang

el barco
kapal

el coche de bomberos
kereta bomba

el autobús
bas

el camión
trak

la lancha a motor
motobot

la bicicleta
basikal

el coche
kereta

el transbordador

feri

la barca

bot

la moto

motosikal

el coche de policía

kereta polis

el coche de carreras

kereta lumba

el coche de alquiler

kereta sewa

el préstamo de vehículos

berkongsi kereta

la grúa

trak tunda

el camión de la basura

trak menolak

el motor

motor

la gasolina

bahan api

la gasolinera

stesen minyak

la señal de tráfico

tanda trafik

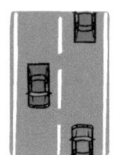

el tráfico

trafik

el atasco

kesesakan lalu lintas

el aparcamiento

tempat parkir

la estación de tren

stesen kereta api

las vías

trek

el tren

kereta api

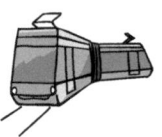

el tranvía

trem

el vagón

gerabak

el helicóptero

helikopter

el aeropuerto

lapangan terbang

la torre

Menara

el pasajero

penumpang

el contenedor

bekas

la caja de cartón

kadbod

la carretilla

kart

la cesta

bakul

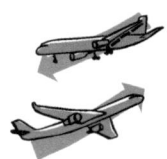

despegar / aterrizar

berlepas / mendarat

la ciudad

bandar

el pueblo

kampung

el centro de la ciudad

pusat bandar

la casa

rumah

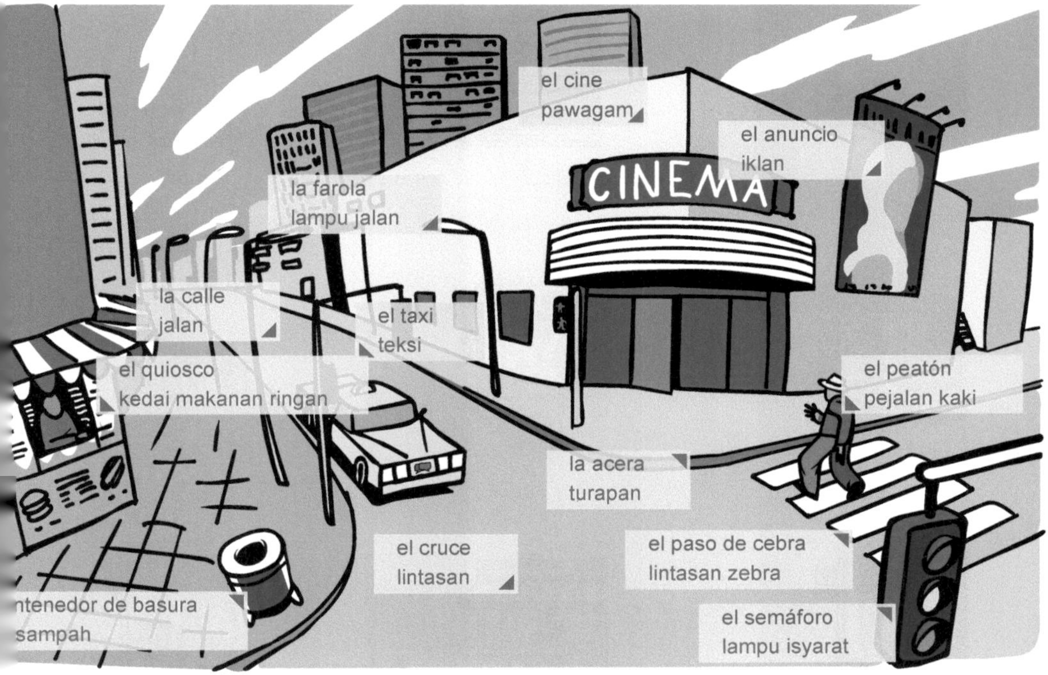

el cine
pawagam

el anuncio
iklan

la farola
lampu jalan

la calle
jalan

el taxi
teksi

el quiosco
kedai makanan ringan

el peatón
pejalan kaki

la acera
turapan

el cruce
lintasan

el paso de cebra
lintasan zebra

el semáforo
lampu isyarat

ntenedor de basura
sampah

la cabaña
pondok

el apartamento
flat

la estación de tren
stesen kereta api

el ayuntamiento
dewan bandar

el museo
muzium

la escuela
sekolah

la ciudad - bandar

11

la universidad

universiti

el banco

bank

el hospital

hospital

el hotel

hotel

la farmacia

farmasi

la oficina

pejabat

la librería

kedai buku

la tienda de campaña

kedai

la floristería

kedai bunga

el supermercado

pasar raya

el mercado

pasaran

los grandes almacenes

gedung

la pescadería

penjual ikan

el centro comercial

pusat membeli-belah

el puerto

pelabuhan

el parque

taman

el banco

bangku

el puente

jambatan

las escaleras

tangga

el metro

bawah tanah

el túnel

terowong

la parada de autobús

hentian bas

el bar

bar

el restaurante

restoran

el buzón

peti surat

el poste indicador

papan tanda jalan

el parquímetro

meter parkir

el zoo

zoo

la piscina

kolam renang

la mezquita

masjid

la granja
ladang

la contaminación
pencemaran

el cementerio
tanah perkuburan

la iglesia
gereja

el patio de juego
taman permainan

el templo
kuil

el paisaje
landskap

la hoja
daun

la señal
tiang tanda

el camino
jalan

el prado
padang rumput

la piedra
batu

el excursionista
pejalan kaki

el árbol
pokok

el río
sungai

la hierba
rumput

la flor
bunga

el valle

lembah

la colina

bukit

el lago

tasik

el bosque

hutan

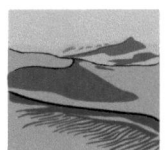

el desierto

padang pasir

el volcán

gunung berapi

el castillo

istana

el arcoíris

pelangi

el champiñón

cendawan

la palmera

pokok kelapa sawit

el mosquito

nyamuk

la mosca

terbang

la hormiga

semut

la abeja

lebah

la araña

labah-labah

el escarabajo

kumbang

la rana

katak

la ardilla

tupai

el erizo

landak

la liebre

arnab

la lechuza

burung hantu

el pájaro

burung

el cisne

angsa

el jabalí

babi jantan

el ciervo

rusa

el alce

moose

la presa

empangan

la turbina eólica

turbin angin

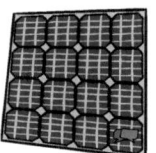

el panel solar

panel solar

el clima

iklim

el restaurante

restoran

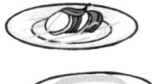

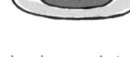

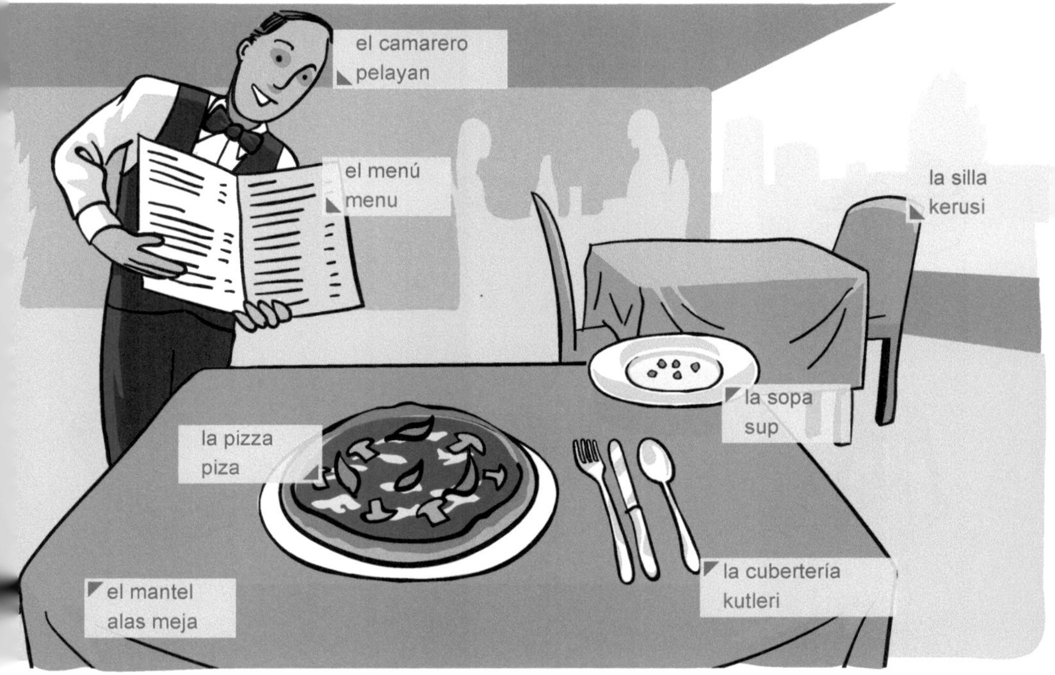

el camarero
pelayan
el menú
menu
la silla
kerusi
la sopa
sup
la pizza
piza
la cubertería
kutleri
el mantel
alas meja

el primer plato

pemula

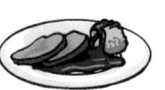

el plato principal

hidangan utama

el postre

pencuci mulut

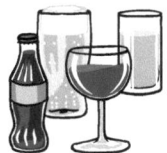

las bebidas

minuman

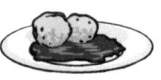

la comida

makanan

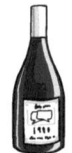

la botella

botol

la comida rápida

makanan segera

la comida callejera

makanan jalanan

la tetera

teko

el azucarero

mangkuk gula

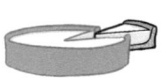

la porción

bahagian

la cafetera expreso

mesin espreso

la trona

kerusi tinggi

la cuenta

bil

la bandeja

dulang

el cuchillo

pisau

el tenedor

garfu

la cuchara

sudu

la cucharilla

sudu teh

la servilleta

serviette

el vaso

gelas

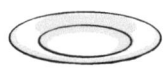

el plato

pinggan

el plato hondo

mangkuk sup

el platillo

piring

la salsa

sos

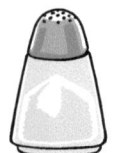

el salero

tempat garam

el molinillo de pimienta

pengisar lada

el vinagre

cuka

el aceite

minyak

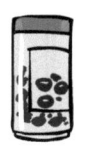

las especias

rempah

el ketchup

sos

la mostaza

mustard

la mayonesa

mayones

el supermercado
pasar raya

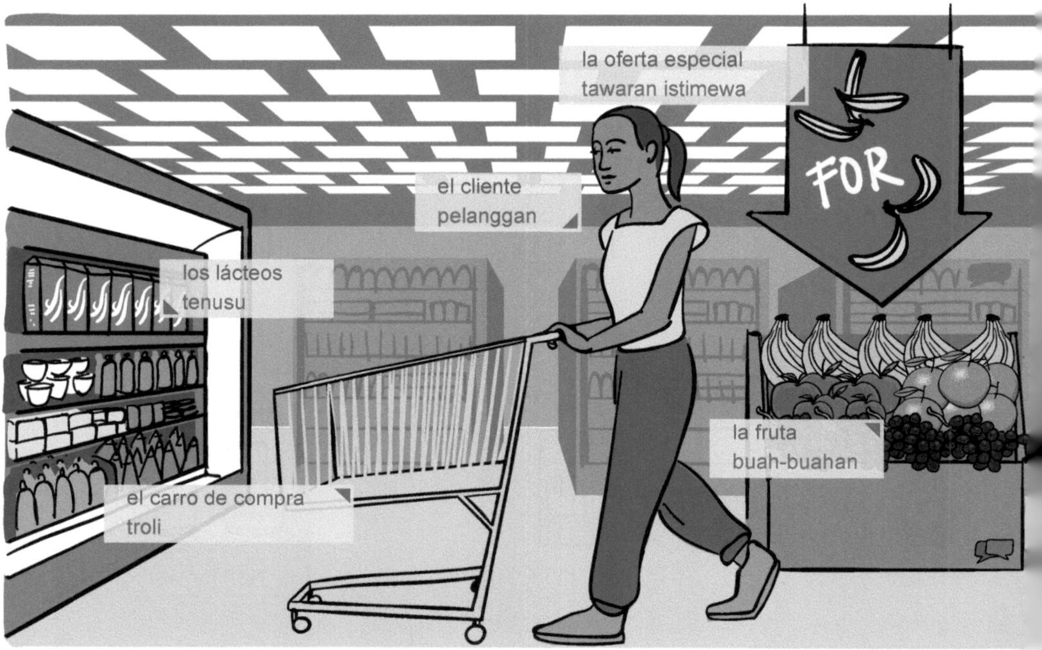

la oferta especial
tawaran istimewa
FOR
el cliente
pelanggan
los lácteos
tenusu
la fruta
buah-buahan
el carro de compra
troli

BUTCHERS

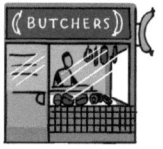

la carniceria

tukang daging

BAKERY

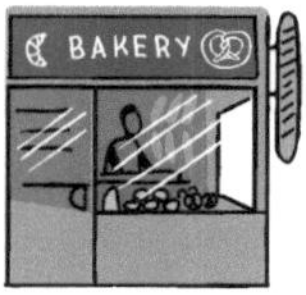

la panadería

kedai roti

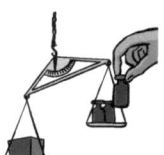

pesar

berat

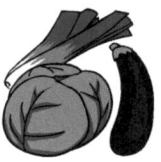

las verduras

sayur-sayuran

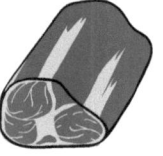

la carne

daging

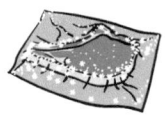

los alimentos congelados

makanan sejuk beku

los fiambres

daging sejuk

las conservas

makanan dalam tin

el detergente en polvo

serbuk pencuci

los dulces

gula-gula

productos de uso doméstico

produk isi rumah

productos de limpieza

produk pembersihan

la vendedora

orang jualan

la caja de cartón

daftar tunai

el cajero

juruwang

la lista de la compra

enarai membeli-belah

el horario de atención al público

waktu pembukaan

la cartera

beg duit

la tarjeta de crédito

kad kredit

la bolsa de plástico

beg

la bolsa de plástico

beg plastik

el agua

air

el zumo

jus

la leche

susu

la cola

kola

el vino

wain

la cerveza

bir

el alcohol

alkohol

el cacao

koko

el té

the

el café

kopi

el expreso

espreso

el capuchino

kapucino

el plátano

pisang

la manzana

epal

la naranja

oren

el melón

tembikai

el limón

lemon

la zanahoria

lobak merah

el ajo

bawang putih

el bambú

buluh

la cebolla

bawang

el champiñón

cendawan

las avellanas

kacang

los fideos

mi

las espagueti

spageti

el arroz

nasi

la ensalada

salad

las patatas fritas

kerepek

las patatas fritas

kentang goreng

la pizza

piza

la hamburguesa

hamburger

el sándwich

sandwic

el filete

kutlet

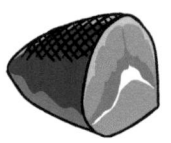

el jamón

ham

le salami

salami

la salchicha

sosej

el pollo

ayam

el asado

panggang

el pescado

ikan

los copos de avena

bubur oat

el muesli

muesli

los copos de maíz

emping jagung

la harina

tepung

el cruasán

kroisan

el panecillo

roti roll

el pan

roti

la tostada

roti bakar

las galletas

biskut

la mantequilla

mentega

la cuajada

dadih

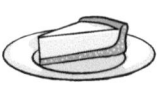

el pastel

kek

el huevo

telur

el huevo frito

telur goreng

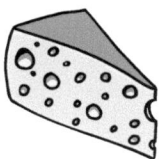

el queso

keju

el helado

ais krim

el azúcar

gula

la miel

madu

la mermelada

jem

la crema de turrón

krim nougat

el curry

kari

la granja
ladang

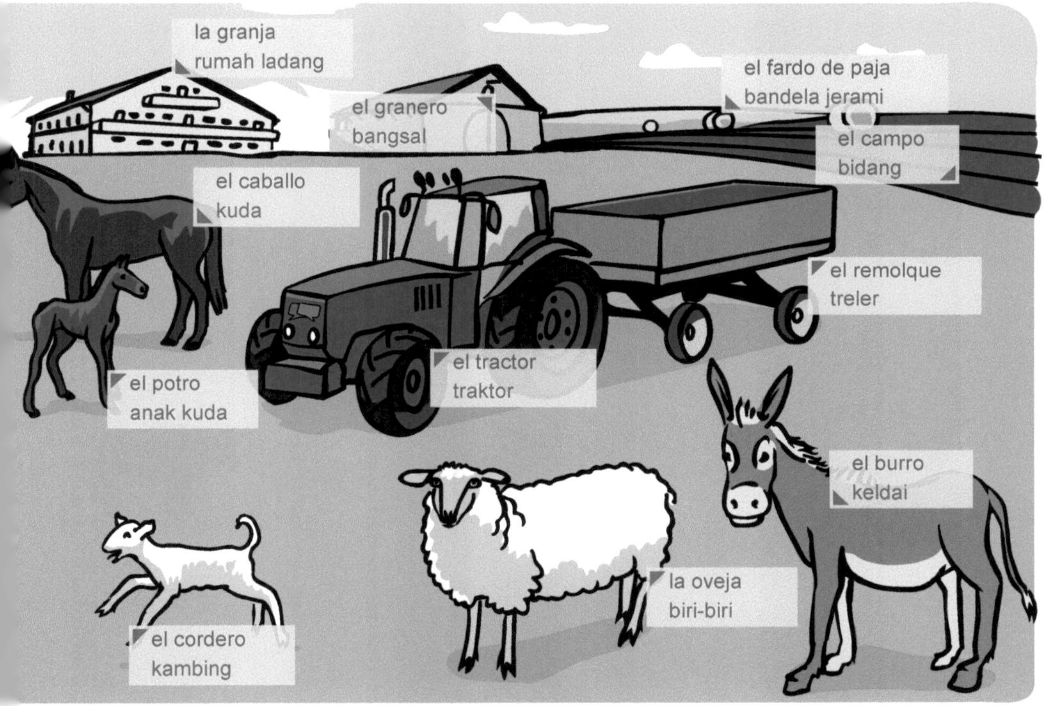

la granja
rumah ladang
el granero
bangsal
el fardo de paja
bandela jerami
el campo
bidang
el caballo
kuda
el remolque
treler
el tractor
traktor
el potro
anak kuda
el burro
keldai
la oveja
biri-biri
el cordero
kambing

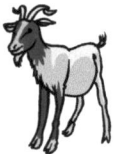

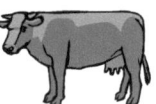

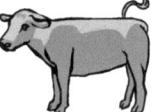

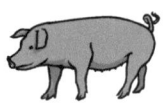

la cabra
kambing

la vaca
lembu

el ternero
anak lembu

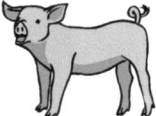

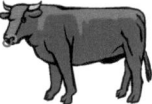

el cerdo
babi

el cerdito
anak babi

el toro
lembu

el ganso

angsa

el pato

itik

el pollo

anak ayam

la gallina

ayam betina

el gallo

ayam jantan muda

la rata

tikus

el gato

kucing

el ratón

tikus

el buey

lembu jantan

el perro

anjing

la perrera

rumah anjing

la manguera

hos taman

la regadera

bekas siraman

la guadaña

sabit

el arado

bajak

la hoz
sabit

la azada
cangkul

la horca
serampang peladang

el hacha
kapak

la carretilla
kereta sorong

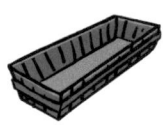

el abrevadero
palung

la lechera
tin susu

el saco
karung

la valla
pagar

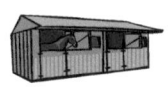

el establo
stabil

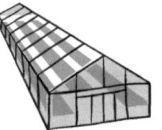

el invernadero
rumah hijau

el suelo
tanah

la semilla
benih

el fertilizador
baja

la cosechadora
jentuai

cosechar

tuai

la cosecha

menuai

el ñame

keladi

el trigo

gandum

el soja

soya

la patata

kentang

el maíz

jagung

la semilla de colza

biji sawi

el árbol frutal

pokok buah-buahan

la mandioca

ubi kayu

las cereales

bijirin

la casa
rumah

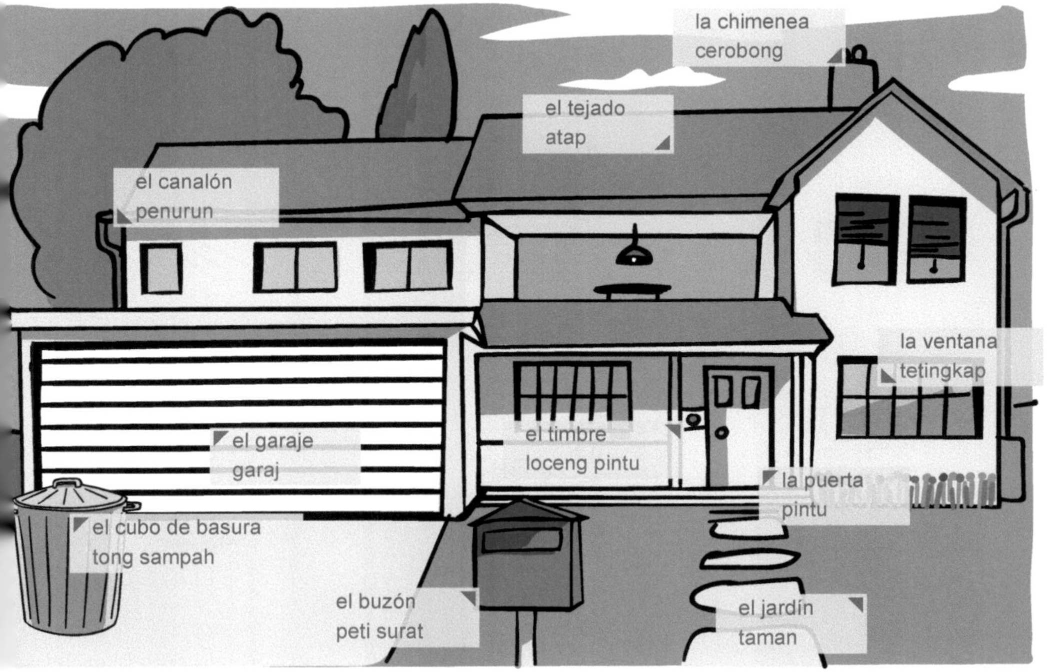

la chimenea
cerobong
el tejado
atap
el canalón
penurun
la ventana
tetingkap
el garaje
garaj
el timbre
loceng pintu
la puerta
pintu
el cubo de basura
tong sampah
el buzón
peti surat
el jardín
taman

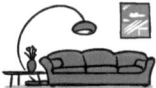

la sala

ruang tamu

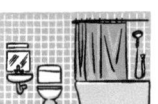

el cuarto de baño

bilik air

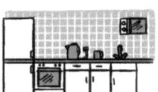

la cocina

dapur

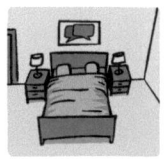

el dormitorio

bilik tidur

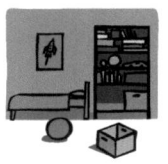

la habitación de los niños

bilik kanak-kanak

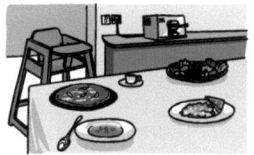

el comedor

ruang makan

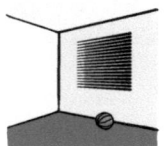

el suelo

lantai

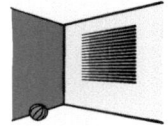

la pared

dinding

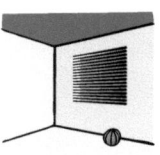

el techo

siling

el sótano

bilik bawah tanah

la sauna

sauna

el balcón

balkoni

la terraza

teres

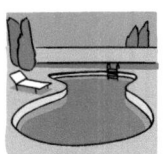

la piscina

kolam renang

el cortacésped

pemotong rumput

la sábana

lembaran

la colcha

penutup tilam

la cama

katil

la escoba

penyapu

el balde

timba

el interruptor

suis

la sala
ruang tamu

el papel pintado
kertas dinding
la imagen
gambar
la lámpara
lampu
el estante
rak
el armario
kabinet
la televisión
televisyen
la chimenea
pendiangan
la flor
bunga
el cojín
kusyen
el sofá
sofa
el jarrón
pasu
el mando a distancia
alat kawalan jauh

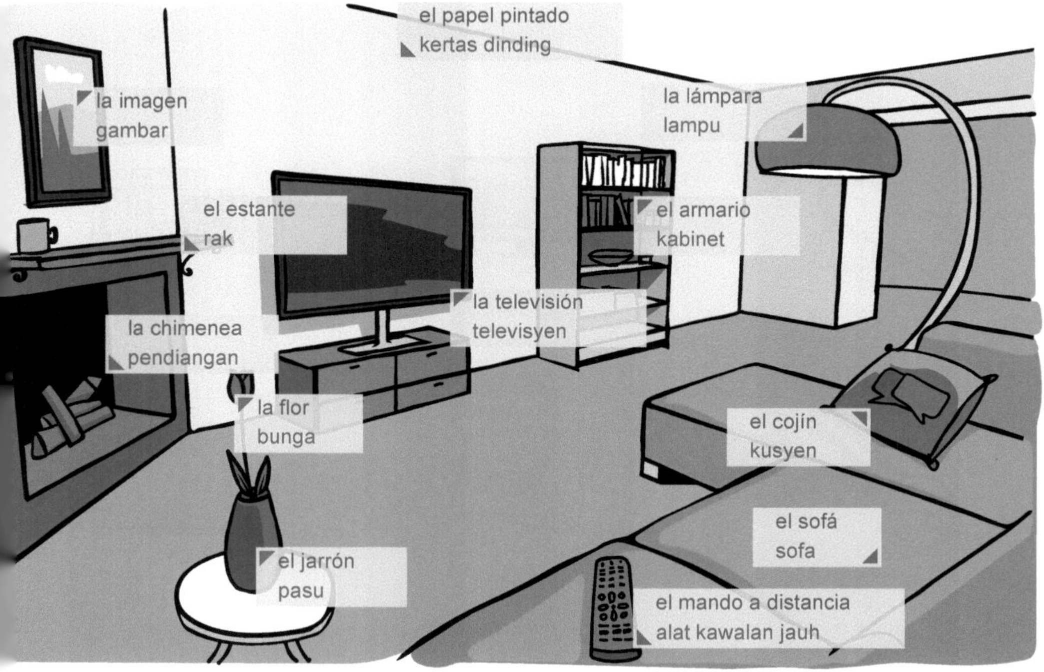

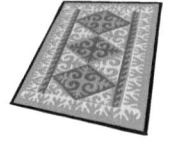

la alfombra

permaidani

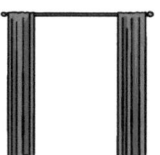

la cortina

tirai

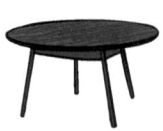

la mesa

meja

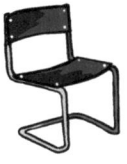

la silla

kerusi

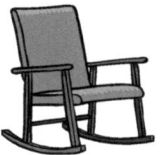

el mecedora

kerusi malas

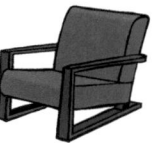

la butaca

kerusi

el libro

buku

la manta

selimut

la decoración

hiasan

la leña

kayu api

la película

filem

el equipo de música

hi-fi

la llave

kunci

el periódico

akhbar

la pintura

lukisan

el póster

poster

la radio

radio

el cuaderno

buku catatan

la aspiradora

penyedut habuk

el cactus

kaktus

la vela

lilin

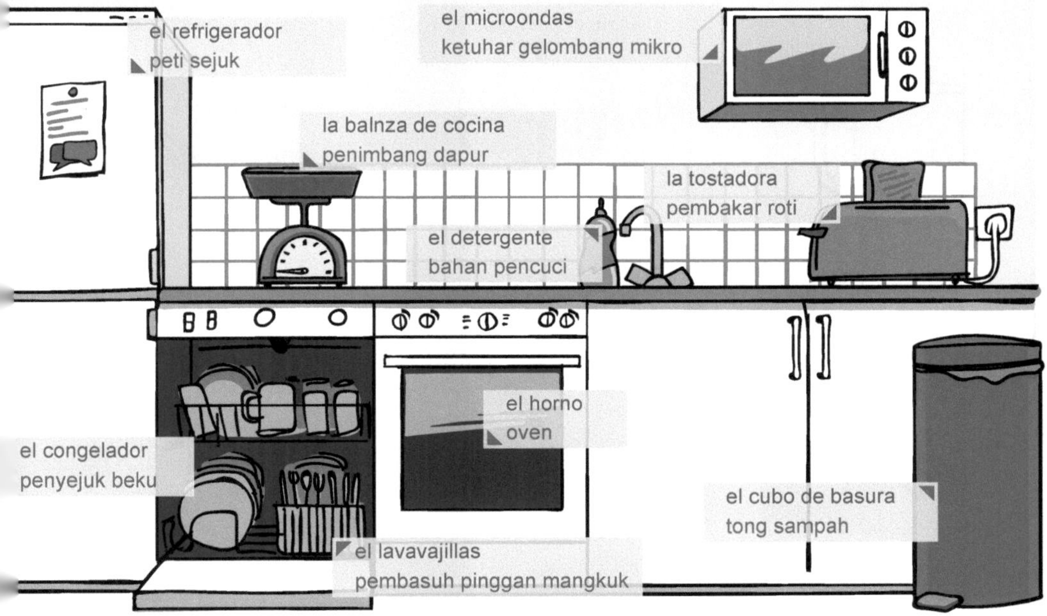

el refrigerador
peti sejuk

el microondas
ketuhar gelombang mikro

la balnza de cocina
penimbang dapur

la tostadora
pembakar roti

el detergente
bahan pencuci

el horno
oven

el congelador
penyejuk beku

el cubo de basura
tong sampah

el lavavajillas
pembasuh pinggan mangkuk

la olla a presión
....
periuk dapur

la olla
....
periuk

la olla de hierro fundido
....
periuk besi

el wok
....
kuali

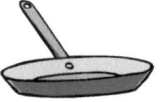

la cazuela
....
pan

el hervidor
....
cerek

la vaporera

pengukus

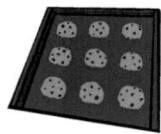

la chapa de horno

dulang pembakar

la vajilla

pinggan mangkuk

la taza

koleh

el tazón

mangkuk

los palillos

penyepit

el cucharón

senduk

la espumadera

spatula

el batidor

pengadun

el colador

penapis

el cedazo

ayak

el rallador

pemarut

el mortero

mortar

la barbacoa

barbeku

la hoguera

pembakaran terbuka

la tabla de picar

papan pencincang

el rodillo

pin golekan

el sacacorchos

skru gabus

la lata

tin

el abrelatas

pembuka tin

el agarrador

pemegang periuk

el lavabo

sinki

el cepillo

berus

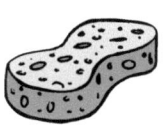

la esponja

span

la batidora

pengisar

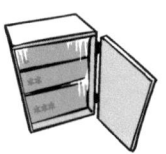

el congelador

penyejuk beku

el biberón

botol bayi

el grifo

paip

el cuarto de baño
bilik air

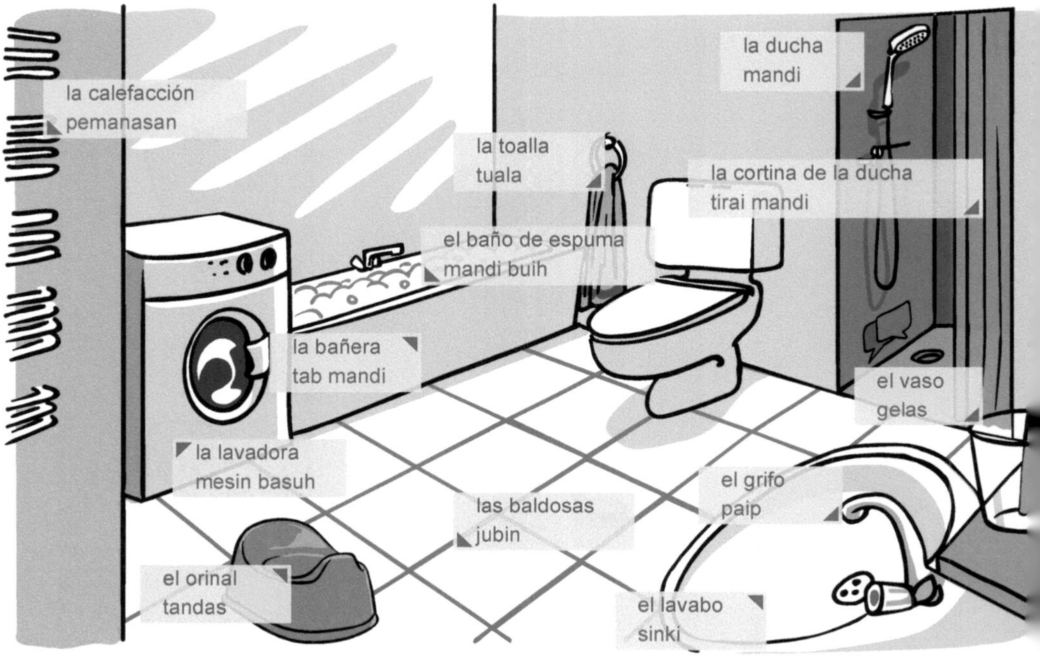
la calefacción
pemanasan
la ducha
mandi
la toalla
tuala
la cortina de la ducha
tirai mandi
el baño de espuma
mandi buih
la bañera
tab mandi
el vaso
gelas
la lavadora
mesin basuh
el grifo
paip
las baldosas
jubin
el orinal
tandas
el lavabo
sinki

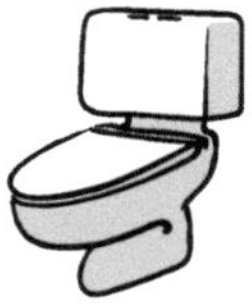

el inodoro
tandas

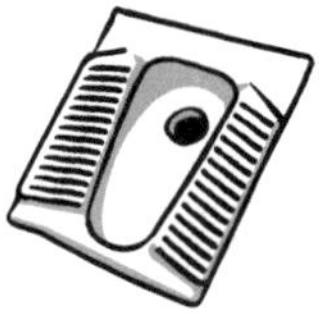

el inodoro rústico
tandas mencangkung

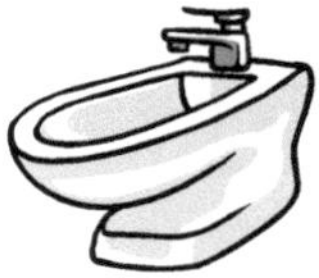

el bidé
mangkuk tandas

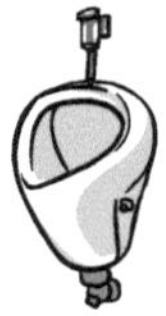

el urinario
tandas awam

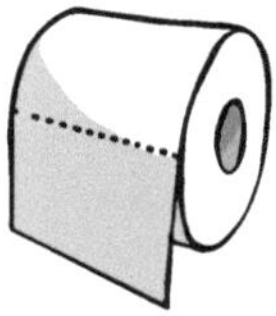

el papel higiénico
kertas tandas

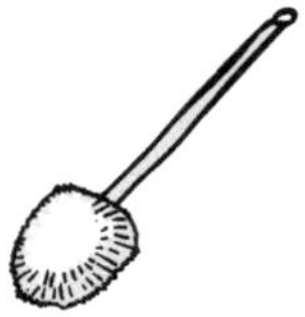

la escobilla del váter
berus tandas

el cepillo de dientes

berus gigi

la pasta de dientes

ubat gigi

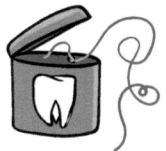

el hilo dental

flos gigi

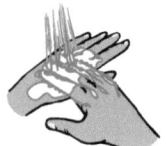

lavar

cuci

la ducha de mano

mandian tangan

la ducha íntima

pancuran

la pila

besen

el cepillo de espalda

belakang berus

el jabón

sabun

el gel de ducha

gel mandian

el champú

syampu

la toallita

flanel

el desagüe

longkang

la crema

krim

el desodorante

deodoran

el espejo

cermin

el espejo de tocador

cermin tangan

la maquinilla de afeitar

pisau cukur

la espuma de afeitar

busa cukur

la loción postafeitado

selepas cukur

el peine

sikat

el cepillo

berus

el secador

pengering rambut

la laca

semburan rambut

el maquillaje

mekap

el pintalabios

gincu

el pintauñas

varnis kuku

el algodón

bulu kapas

el cortauñas

gunting kuku

el perfume

pewangi

el estuche de viaje

beg basuhan

la banqueta

bangku

la balanza

skala berat

el albornoz

jubah mandi

los guantes de goma

sarung tangan getah

el tampón

kapas

la compresa

tuala wanita

el inodoro químico

tandas kimia

la habitación de los niños
bilik kanak-kanak

el despertador
jam loceng
el peluche
mainan kegemaran
el coche de juguete
kereta mainan
el sonajero
kerincing bayi
la casa de muñecas
rumah anak patung
el regalo
hadiah

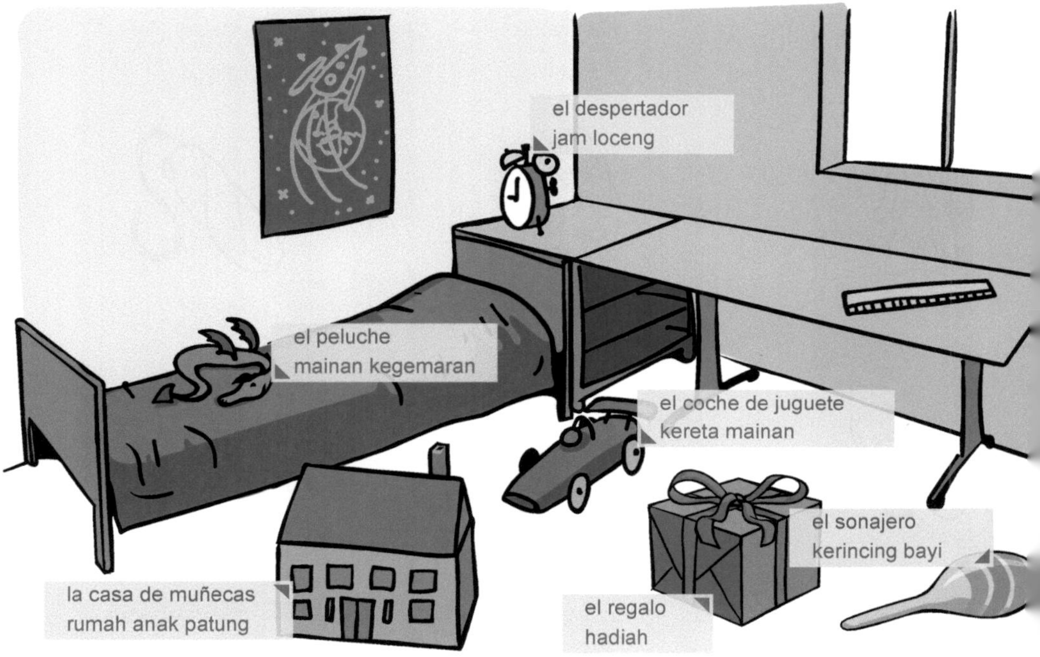

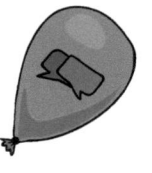

el globo

belon

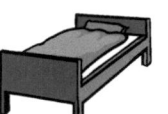

la cama

katil

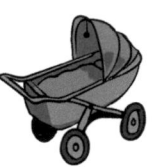

el coche de niño

kereta sorong bayi

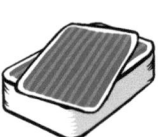

los naipes

set kad

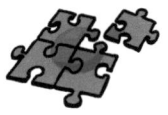

el puzle

susun suai gambar

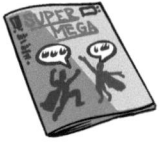

el tebeo

komik

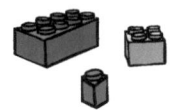

las piezas de lego

batu bata lego

los bloques de juguete

blok mainan

la figura de acción

figura aksi

el bodi (de bebé)

baju bayi

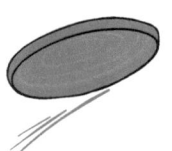

el frisbee

frisbee

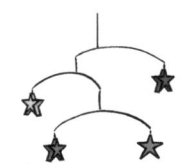

el colgador móvil para bebés

mainan bayi mudah alih

el juego de mesa

permainan papan

los dados

dadu

el circuito de tren eléctrico

set model kereta api

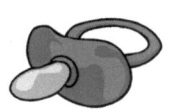

el maniquí

palsu

la fiesta

parti

el álbum de fotos

buku bergambar

la pelota

bola

la muñeca

anak patung

jugar

main

el cajón de arena

lubang pasir

el columpio

buai

los juguetes

mainan

la videoconsola

konsol permainan video

el triciclo

basikal roda tiga

el oso de peluche

anak patung beruang

la guardarropa

almari pakaian

la ropa
pakaian

los calcetines

stoking

las medias

stoking

los leotardos

ketat

la bufanda
skarf

el paraguas
payung

la camiseta
kemeja-t

eselamatan

las botas
but

las zapatillas
selipar

las deportivas
kasut sukan

las sandalias
sandal

los zapatos
kasut

las botas de goma
but getah

el slip
seluar dalam

el sostén
coli

el chaleco
ves

la ropa - pakaian

el bodi

badan

los pantalones cortos

Seluar panjang

los vaqueros

jean

la falda

skirt

la blusa

blaus

la camisa

kemeja

el jersey

baju panas sarung

el suéter

sweater

el blazer

blazer

la chaqueta

jaket

el abrigo

kot

la gabardina

baju hujan

el traje

kostum

el vestido

pakaian

el vestido de novia

baju pengantin

el traje
sut

el camisón
baju tidur

el pijama
baju tidur

el sati
sari

el bandana
skarf kepala

el turbante
serban

la burka
burqa

el caftán
kaftan

la abaya
abaya/jubah

el traje de baño
baju renang

el bañador
seluar renang

los pantalones cortos
seluar pendek

el chándal
sut balapan

el delantal
apron

los guantes
sarung tangan

el botón
butang

las gafas
cermin mata

el brazalete
gelang tangan

el collar
rantai leher

el anillo
cincin

el pendiente
subang

la gorra
topi

la percha
penyangkut kot

el sombrero
topi

la corbata
tali leher

la cremallera
zip

el casco
topi keledar

los tirantes
pendakap

el uniforme
uniform sekolah

el uniforme
seragam

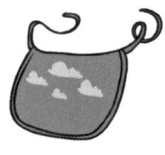

el babero

lapik dada

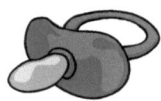

el maniquí

palsu

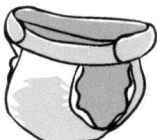

el pañal

lampin

la oficina
pejabat

el servidor
pelayan
el archivo
kabinet fail
la impresora
mesin pencetak
el papel
kertas
el monitor
monitor
el ratón
tetikus
el escritoria
meja
la carpeta
folder
el teclado
papan kekunci
la papelera
bakul sampah
el ordenador
komputer
la silla
kerusi

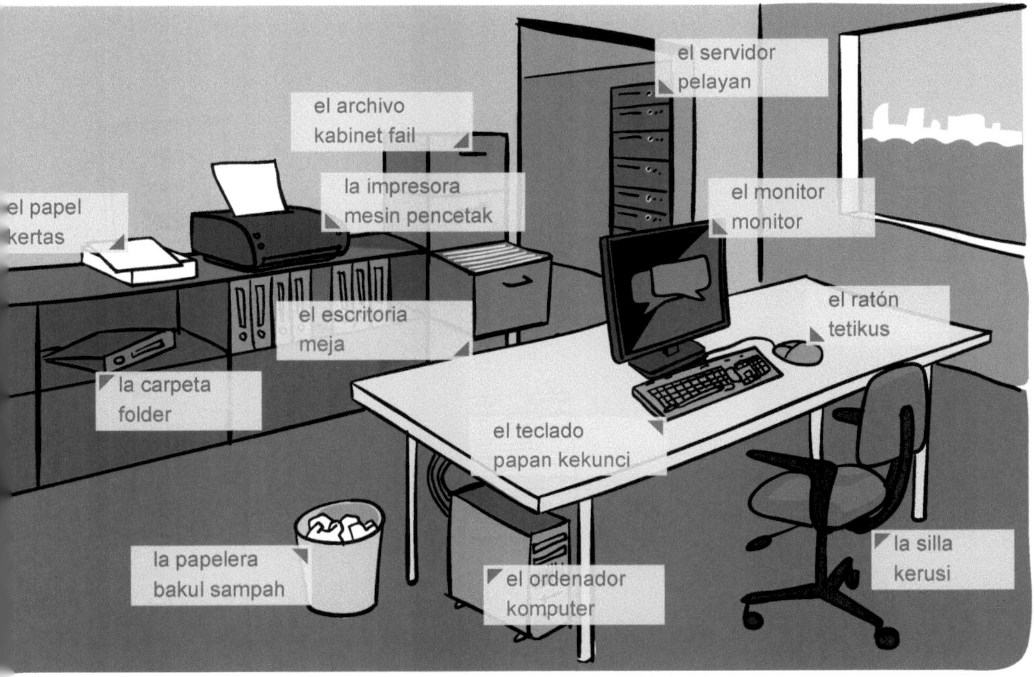

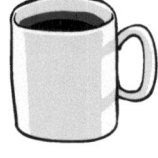

la taza de café

cawan kopi

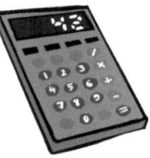

la calculadora

kalkulator

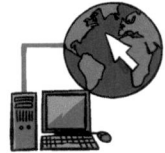

el internet

internet

el portátil

komputer riba

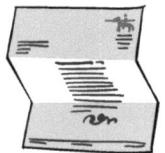

la carta

surat

el mensaje

mesej

el móvil

mudah alih

la red

rangkaian

la fotocopiadora

mesin fotokopi

el software

perisian

el teléfono

telefon

la toma de corriente

soket plag

el fax

mesin faks

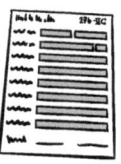

el formulario

bentuk

el documento

dokumen

comprar
beli

pagar
bayar

comerciar
berdagang

el dinero
wang

 **USD**

el dólar
dolar

 **EUR**

el euro
euro

 **JPY**

el yen
yen

 **RUB**
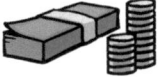

el rublo
rubel

 **CHF**

el franco suizo
franc swiss

 **CNY**
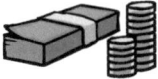

el renminbi yuan
renminbi yuan

 **INR**

la rupia
rupee

el cajero automático
mata tunai

la oficina de cambio de divisas

pejabat tukaran mata wang

el oro

emas

la plata

perak

el petróleo

minyak

la energía

tenaga

el precio

harga

el contrato

kontrak

el impuesto

cukai

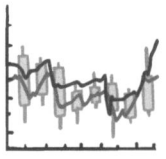

la acción

stok

trabajar

kerja

el empleador

pekerja

el empleador

majikan

la fábrica

kilang

la tienda de campaña

kedai

el agente de policía
pegawai polis

el bombero
ahli bomba

el cocinero
tukang masak

el médico
doktor

el piloto
juruterbang

el jardinero
tukang kebun

el carpintero
tukang kayu

la costurera
tukang jahit

el juez
hakim

el farmacéutico
ahli kimia

el actor
pelakon

el conductor de autobús

pemandu bas

el taxista

pemandu teksi

el pescador

nelayan

la señora de la limpieza

wanita pencuci

el techador

kasau

el camarero

pelayan

el cazador

pemburu

el pintor

pelukis

el panadero

bakeri

el electricista

juruelektrik

el obrero

pembangun

el ingeniero

jurutera

el carnicero

penjual daging

el fontanero

tukang paip

el cartero

posmen

el soldado

askar

el arquitecto

arkitek

el cajero

juruwang

el florista

kedai bunga

el peluquero

pendandan rambut

el revisor

konduktor

el mecánico

mekanik

el capitán

kapten

el dentista

doktor gigi

el científico

ahli sains

el rabino

tuhanku

el imán

imam

el monje

sami

el sacerdote

paderi

las herramientas
alat

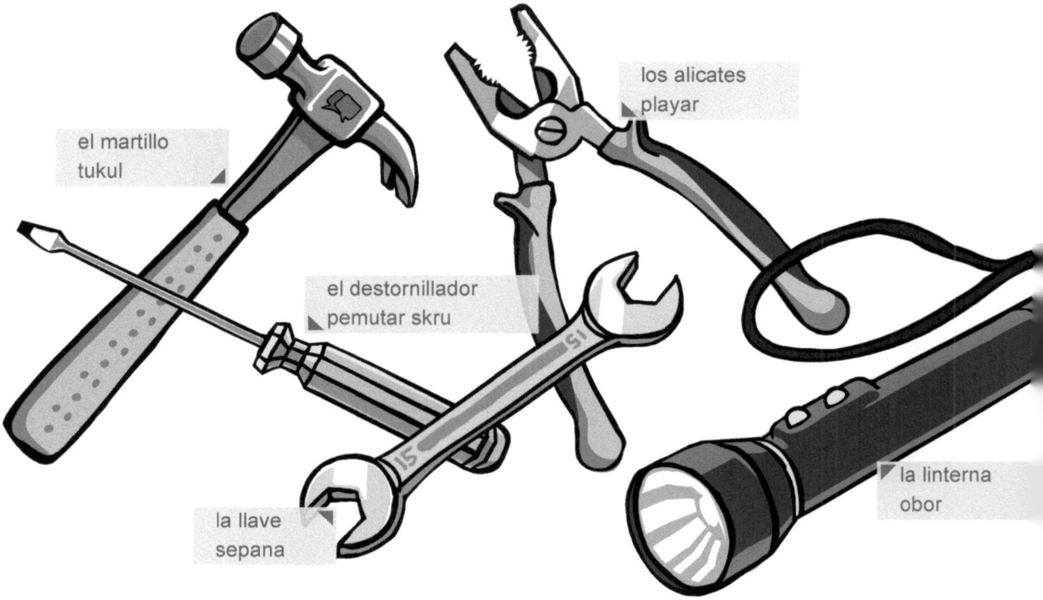

el martillo
tukul
los alicates
playar
el destornillador
pemutar skru
la llave
sepana
la linterna
obor

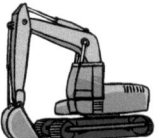

la excavadora

pengorek

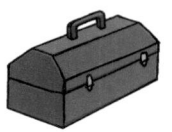

la caja de herramientas

kotak peralatan

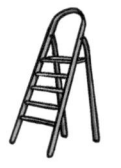

la escalera de mano

tangga

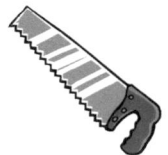

la sierra

gergaji

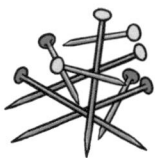

los clavos

kuku

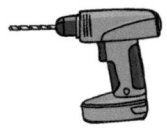

el taladro

gerudi

reparar
....
baiki

la pala
....
penyodok

¡Maldita sea!
....
Celaka!

el recogedor
....
penadah sampah

el bote de pintura
....
periuk cat

los tornillos
....
skru

los instrumentos musicales
alat muzik

la batería
perangkat dram

el altavoz
pembesar suara

la guitarra
gitar

el contrabajo
bass berganda

la trompeta
trompet

el piano

piano

el violín

biola

bajo

bass

los timbales

timpani

el tambor

dram

el teclado

papan kekunci

el saxofón

saksofon

la flauta

seruling

el micrófono

mikrofon

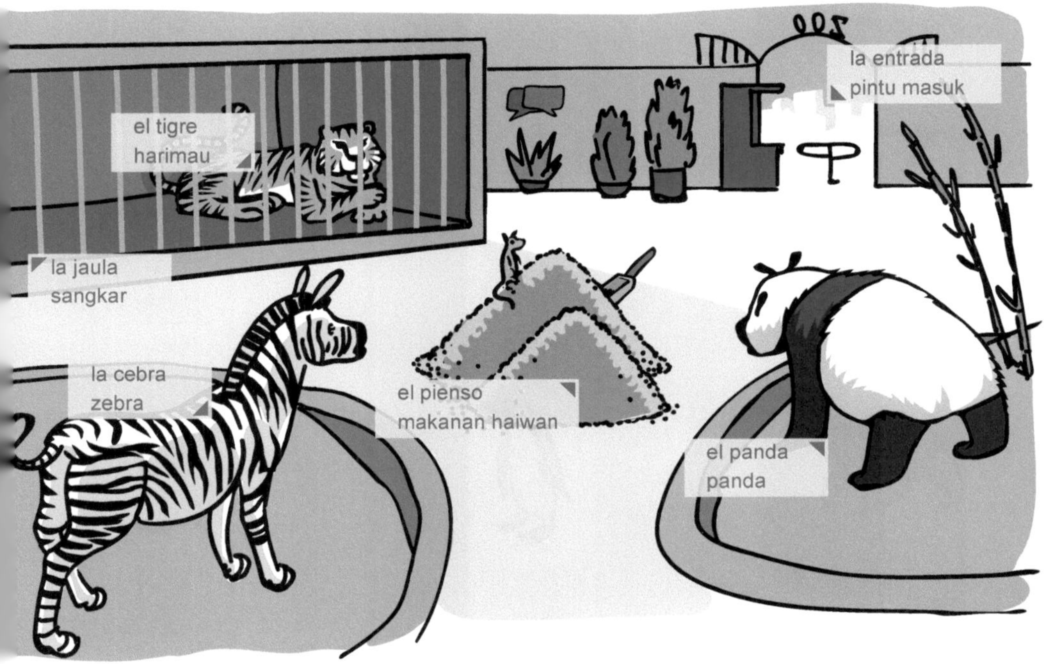

la entrada
pintu masuk

el tigre
harimau

la jaula
sangkar

la cebra
zebra

el pienso
makanan haiwan

el panda
panda

los animales

haiwan

el elefante

gajah

el canguro

kanggaru

el rinoceronte

badak sumbu

el gorila

gorila

el oso

beruang

el camello

unta

el avestruz

burung unta

el león

singa

el mono

monyet

el flamingo

flamingo

el loro

nuri

el oso polar

beruang kutub

el pingüino

penguin

el tiburón

yu

el pavo real

merak

la serpiente

ular

el cocodrilo

buaya

el guardián de zoológico

penjaga zoo

la foca

anjing laut

el jaguar

jaguar

el zoo - zoo

el poni
kuda

el leopardo
harimau

el hipopótamo
badak air

la jirafa
zirafah

el águila
helang

el jabalí
babi jantan

el pescado
ikan

la tortuga
penyu

la morsa
anjing laut

el zorro
musang

la gacela
rusa

el fútbol americano
bola sepak Amerika

el ciclismo
berbasikal

el tenis
tenis

el baloncesto
bola keranjang

la natación
renang

el boxeo
tinju

el hockey sobre hielo
hoki ais

el fútbol
bola sepak

el bádminton
badminton

el atletismo
olahraga

el balonmano
bola baling

el esquí
ski

el polo
polo

las actividades
aktiviti

reír
ketawa
saltar
lompat
abrazar
peluk
caminar
berjalan
cantar
menyanyi
soñar
mimpi
rezar
berdoa
besar
cium

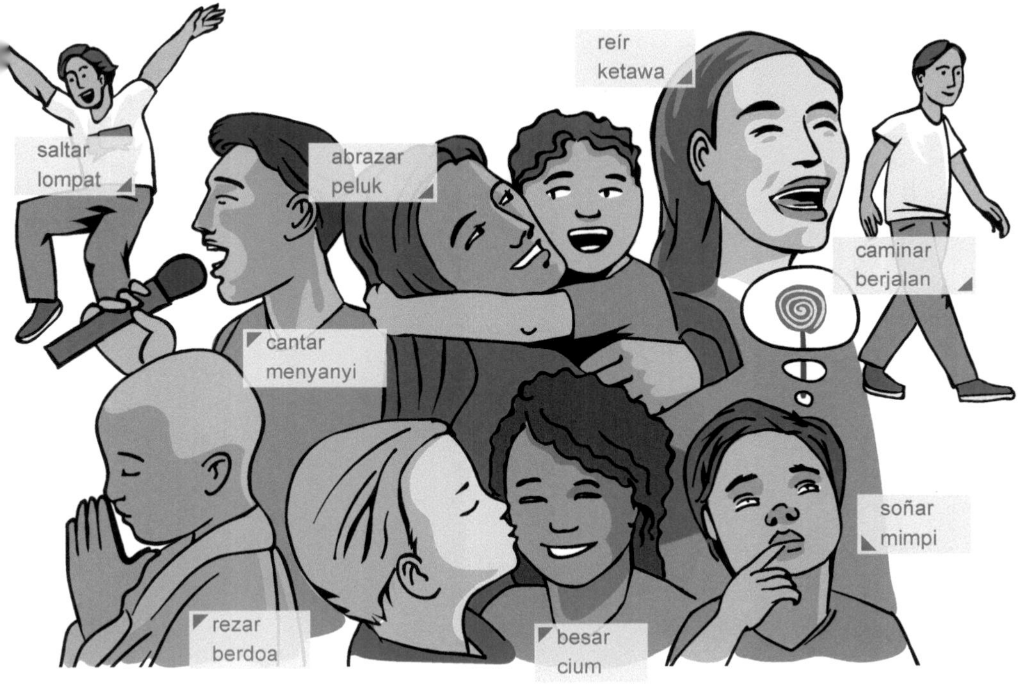

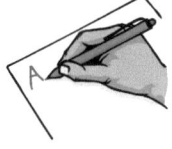

escribir

tulis

dibujar

lukis

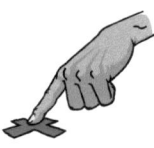

mostrar

tunjuk

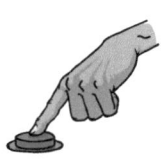

empujar

tolak

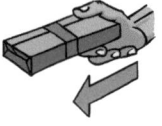

dar

beri

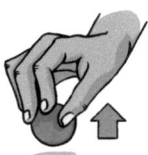

tomar

ambil

tener
ada

hacer
buat

ser
ialah

estar de pie
berdiri

correr
lari

tirar
tarik

tirar
buang

caer
jatuh

yacer
tipu

esperar
tunggu

llevar
bawa

estar sentado
duduk

vestirse
pakai

dormir
tidur

despertar
bangkit

mirar

lihat pada

llorar

menangis

acariciar

strok

peinar

sikat

hablar

cakap

entender

faham

preguntar

tanya

escuchar

dengar

beber

minum

comer

makan

ordenar

mengemas

amar

sayang

cocinar

masak

conducir

pandu

volar

terbang

navegar

belayar

calcular

kira

leer

baca

aprender

belajar

trabajar

kerja

casarse

nikah

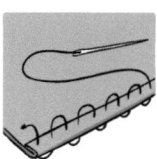

coser

jahit

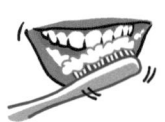

cepillarse los dientes

memberus gigi

matar

bunuh

fumar

asap

enviar

hantar

la familia
keluarga

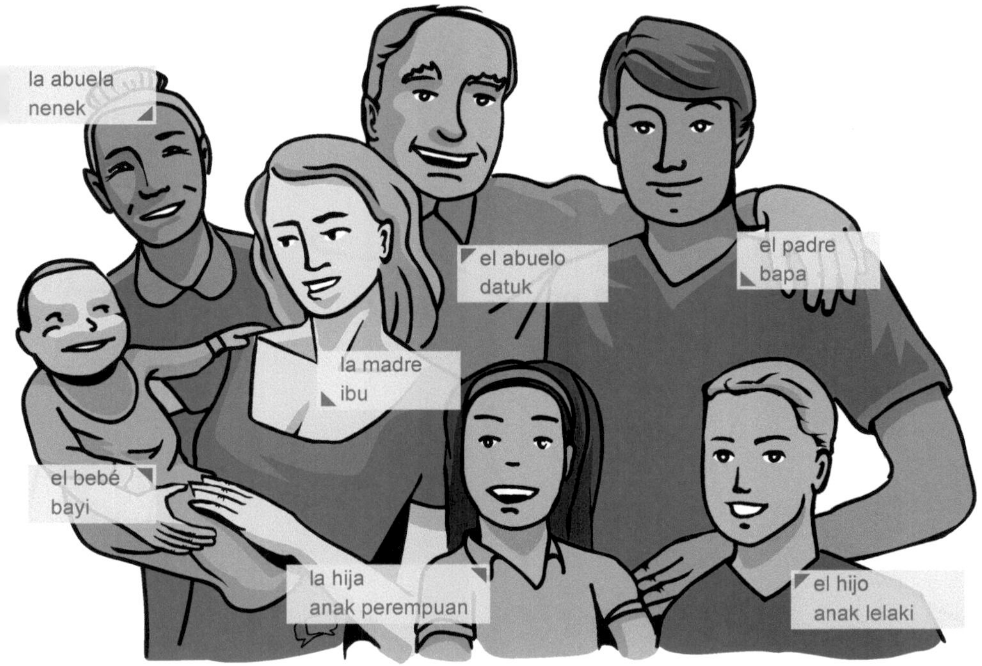
la abuela
nenek
el abuelo
datuk
el padre
bapa
la madre
ibu
el bebé
bayi
la hija
anak perempuan
el hijo
anak lelaki

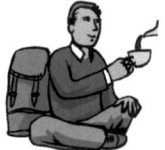

el invitado

tetamu

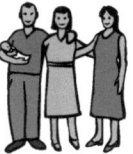

la tía

mak cik

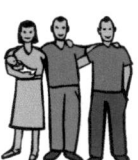

el tío

pak cik

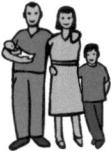

el hermano

abang

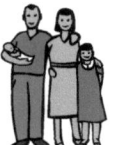

la hermana

kakak

el cuerpo
badan

la frente
dahi
el ojo
mata
el hombro
bahu
el dedo
jari
la cara
muka
la barbilla
dagu
la mano
tangan
la pierna
kaki
el pecho
dada
el brazo
lengan

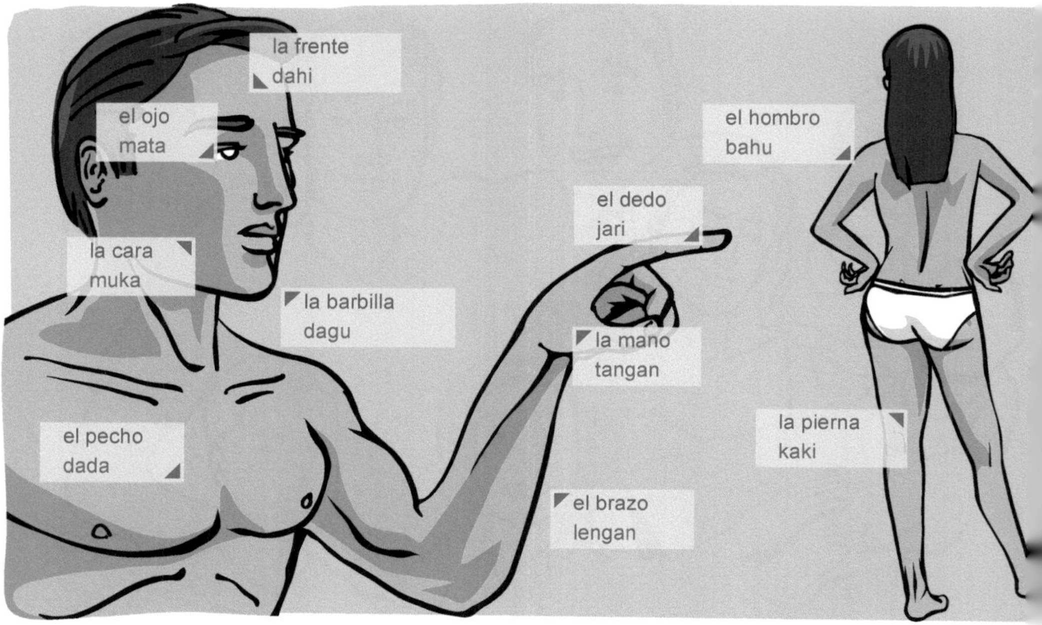

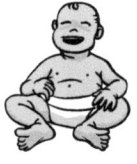

el bebé
bayi

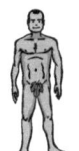

el hombre
lelaki

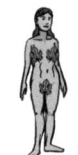

la mujer
wanita

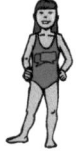

la chica
perempuan

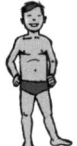

el chico
lelaki

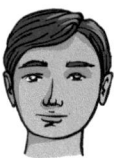

la cabeza
kepala

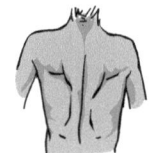

la espalda

belakang

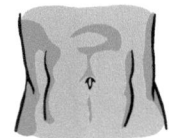

el vientre

bawah perut

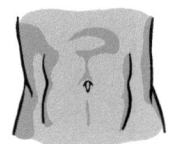

el ombligo

pusat

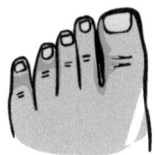

el dedo del pie

jari kaki

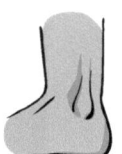

el talón

tumit

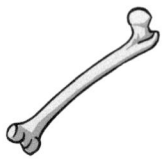

el hueso

tulang

la cadera

pinggul

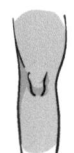

la rodilla

lutut

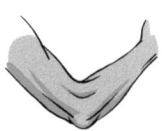

el codo

siku

la nariz

hidung

el trasero

bawah

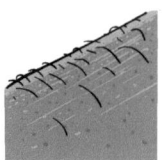

la piel

kulit

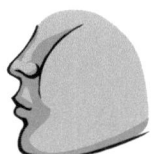

la mejilla

pipi

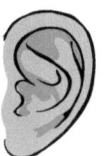

el oído

telinga

el labio

bibir

el cuerpo - badan

la boca

mulut

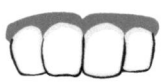

el diente

gigi

la lengua

lidah

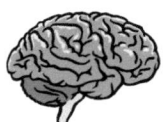

el cerebro

otak

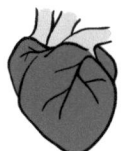

el corazón

hati

el músculo

otot

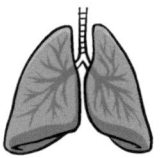

el pulmón

paru-paru

el hígado

hati

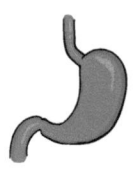

el estómago

perut

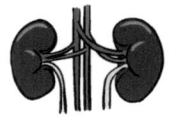

los riñones

buah pinggang

el sexo

seks

el condón

kondom

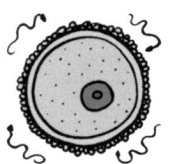

el ovario

faraj

el semen

mani

el embarazo

mengandung

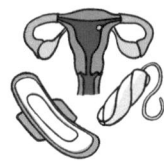

la menstruación
....
haid

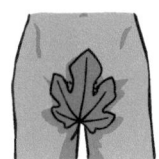

la vagina
....
faraj

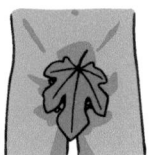

el pene
....
penis

la ceja
....
kening

el pelo
....
rambut

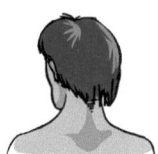

el cuello
....
leher

el hospital
hospital

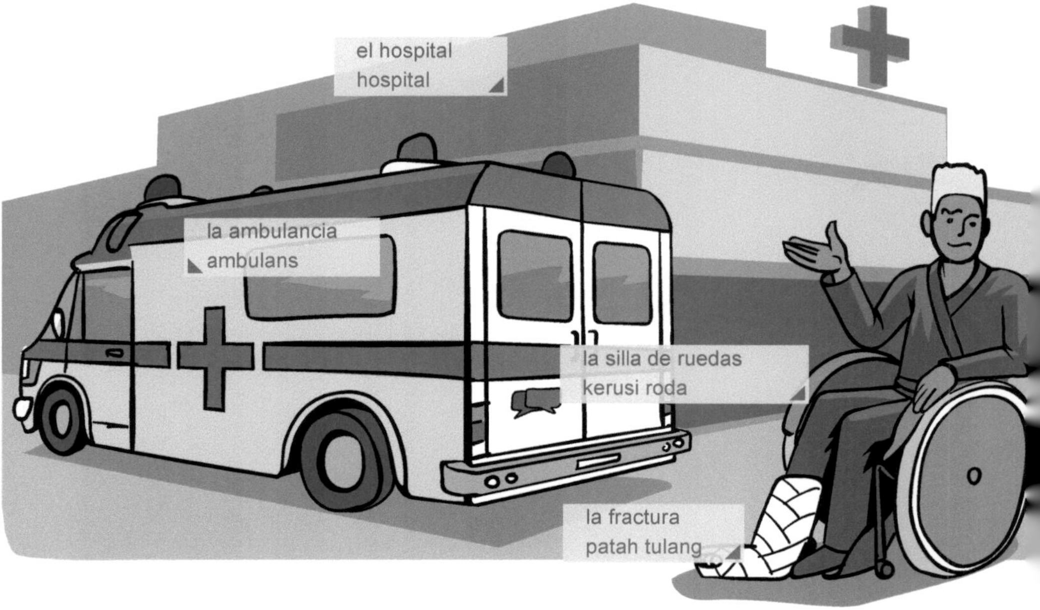

el hospital
hospital
la ambulancia
ambulans
la silla de ruedas
kerusi roda
la fractura
patah tulang

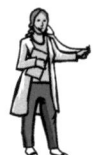

el médico

doktor

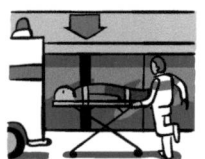

la sala de urgencias

bilik kecemasan

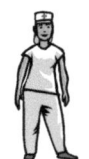

la enfermera

jururawat

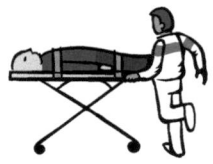

la urgencia

kecemasan

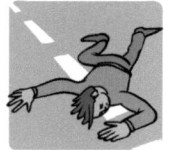

inconsciente

tak sedar

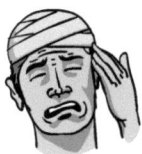

el dolor

sakit

la lesión
kecederaan

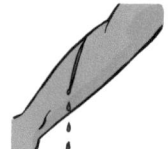

la hemorragia
pendarahan

el infarto
serangan jantung

el ictus
strok

la alergia
alergi

la tos
batuk

la fiebre
demam

la gripe
selesema

la diarrea
cirit-birit

el dolor de cabeza
sakit kepala

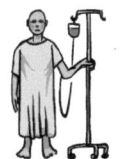

el cáncer
kanser

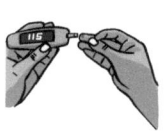

la diabetes
diabetes

el cirujano
pakar bedah

el bisturí
pisau bedah

la operación
pembedahan

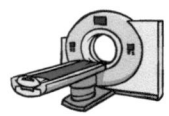

TAC

CT

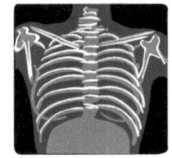

los rayos x

x-ray

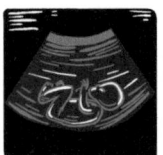

el ultrasonido

ultrabunyi

la mascarilla

topeng muka

la enfermedad

penyakit

la sala de espera

bilik menunggu

la muleta

penongkat

la tirita

plaster

la venda

pembalut

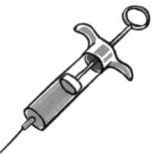

la inyección

suntikan

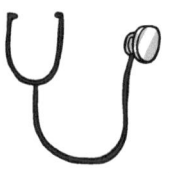

el estetoscopio

stetoskop

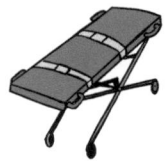

la camilla

pengusung

el termómetro

termometer klinik

el nacimiento

kelahiran

el sobrepeso

berat badan berlebihan

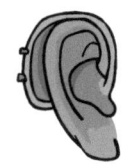

el audífono

alat pendengaran

el desinfectante

disinfektan

la infección

jangkitan

el virus

virus

VIH / SIDA

HIV / AIDS

la medicina

perubatan

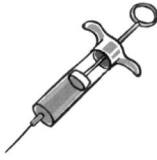

la vacunación

vaksinasi

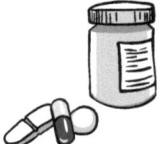

las tabletas

tablet

la pastilla

pil

la llamada de urgencia

panggilan kecemasan

el tensiómetro

pantau tekanan darah

enfermo / sano

sakit / sihat

¡Socorro!

Tolong!

la alarma

penggera

el asalto

serang

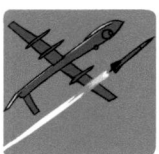

el ataque

serangan

el peligro

bahaya

la salida de emergencia

pintu kecemasan

¡Fuego!

Api!

el extintor de incendios

alat pemadam api

el accidente

kemalangan

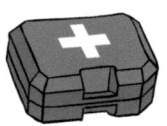

el botiquín de primeros auxilios

alat pertolongan cemas

SOS

SOS

la policía

polis

Europa

Eropah

Norteamérica

Amerika Utara

Sudamérica

Amerika Selatan

África

Afrika

Asia

Asia

Australia

Australia

el atlántico

Atlantic

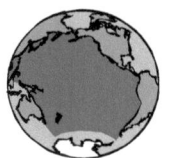

el Pacífico

Pasifik

el Océano Índico

Lautan Hindi

el Océano Antártico

Lautan Antartik

el Océano Ártico

Lautan Artik

el polo norte

Kutub utara

el polo sur

Kutub Selatan

La Antártida

Antartika

la tierra

bumi

la tierra

tanah

el mar

laut

la isla

pulau

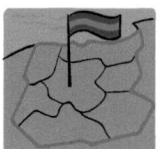

la nación

negara

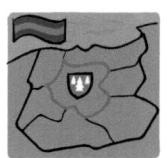

el estado

negeri

la esfera

muka jam

la manecilla de las horas

tangan jam

el minutero

tangan minit

el segundero

terpakai

¿Qué hora es?

Jam berapa sekarang

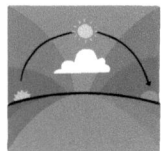

el día

hari

el tiempo

masa

ahora

sekarang

el reloj digital

jam digital

el minuto

minit

la hora

jam

la semana

minggu

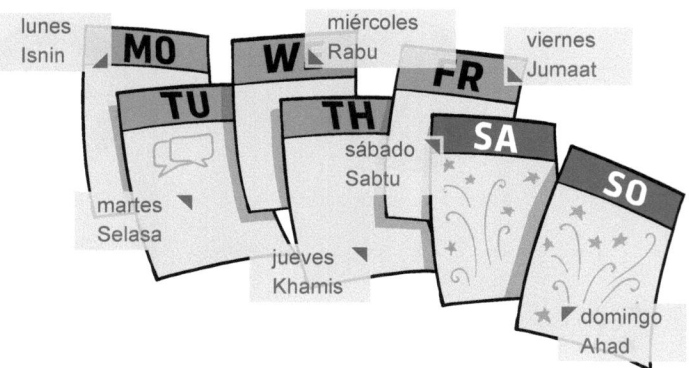

lunes
Isnin

miércoles
Rabu

viernes
Jumaat

martes
Selasa

jueves
Khamis

sábado
Sabtu

domingo
Ahad

ayer

semalam

hoy

hari ini

mañana

esok

la mañana

pagi

el mediodía

tengah hari

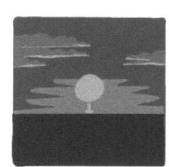

la tarde

petang

MO	TU	WE	TH	FR	SA	SU
1	2	3	4	5	6	7
8	9	10	11	12	13	14
15	16	17	18	19	20	21
22	23	24	25	26	27	28
29	30	31	1	2	3	4

los días laborables

hari kerja

MO	TU	WE	TH	FR	SA	SU
1	2	3	4	5	6	7
8	9	10	11	12	13	14
15	16	17	18	19	20	21
22	23	24	25	26	27	28
29	30	31	1	2	3	4

el fin de semana

hari minggu

el año

tahun

la lluvia
hujan
el arcoíris
pelangi
la nieve
salji
el viento
angin
la primavera
musim bunga
el otoño
musim luruh
el verano
musim panas
el invierno
musim salji

4.APRIL 11°
5.APRIL 4°
6.APRIL 13°
7.APRIL 8°
8.APRIL 10°

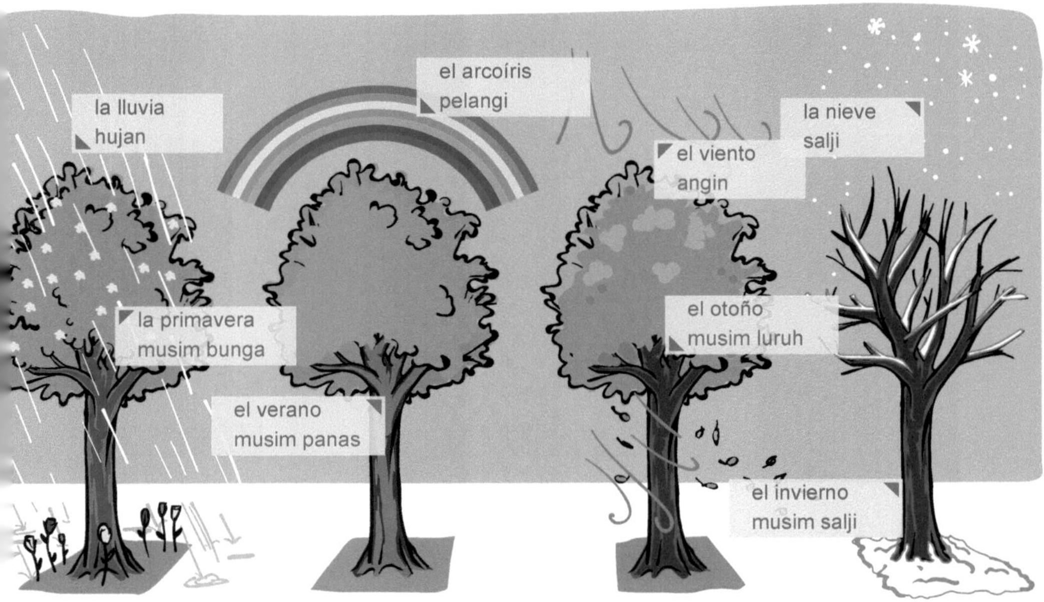

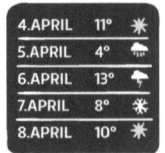

pronóstico del tiempo

ramalan cuaca

F
C
120
90
60
30
0
-30
40
30
20
10
0
-10
-20

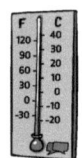

el termómetro

termometer

el sol

sinar matahari

la nube

awan

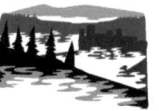

la niebla

kabus

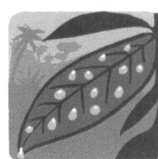

la humedad

lembapan

el rayo

kilat

el trueno

petir

la tormenta

ribut

el granizo

hujan batu

el monzón

monsun

la inundación

banjir

el hielo

ais

enero

Januari

febrero

Februari

marzo

Mac

abril

April

mayo

Mei

junio

Jun

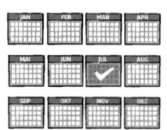

julio

Julai

agosto

Ogos

el año - tahun

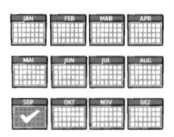

septiembre

September

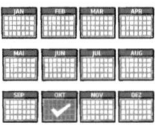

octubre

Oktober

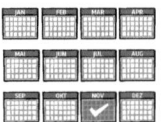

noviembre

November

diciembre

Disember

las formas
bentuk

el círculo

bulatan

el cuadrado

petak

el rectángulo

segi empat tepat

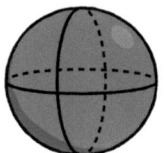

el triángulo

segitiga

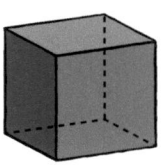

la esfera

sfera

el cubo

kiub

blanco

putih

amarillo

kuning

anaranjado

oren

rosa

merah jambu

rojo

merah

morado

ungu

azul

biru

verde

hijau

marrón

coklat

gris

kelabu

negro

hitam

mucho / poco

banyak / sedikit

enojado / tranquilo

marah / tenang

bonito / feo

cantik / hodoh

principio / fin

bermula / tamat

grande / pequeño

besar kecil

claro / oscuro

terang / gelap

hermano / la hermana

abang / kakak

limpio / sucio

bersih / kotor

completo / incompleto

lengkap / tidak lengkap

el día / la noche

hari / malam

muerto / vivo

mati / hidup

ancho / estrecho

luas / sempit

comestible / no comestible
....
boleh dimakan / tidak boleh
dimakan

malo / amable
....
jahat / baik

entusiasmado / aburrido
....
teruja / bosan

gordo / delgado
....
gemuk / kurus

primero / último
....
pertama / terakhir

el amigo / el enemigo
....
kawan / musuh

lleno / vacío
....
penuh / kosong

duro / blando
....
keras / lembut

pesado / ligero
....
berat / ringan

el hambre / la sed
....
lapar / dahaga

enfermo / sano
....
sakit / sihat

ilegal / legal
....
menyalahi undang-undang /
undang-undang

inteligente / tonto
....
pintar / bodoh

izquierda / derecha
....
kiri / kanan

cerca / lejos
....
dekat / jauh

nuevo / usado

baru / lama

nada / algo

tiada / sesuatu

viejo / joven

tua / muda

encendido / apagado

hidup / mati

abierto / cerrado

terbuka / tertutup

silencioso / ruidoso

diam / bising

rico / pobre

kaya / miskin

correcto / incorrecto

betul / salah

áspero / suave

kasar / halus

triste / contento

sedih / gembira

corto / largo

pendek / panjang

lento / rápido

lambat / laju

húmedo / seco

basah / kering

cálido / frío

panas / sejuk

guerra / paz

berperang / berdamai

0

cero
....
sifar

1

uno
....
satu

2

dos
....
dua

3

tres
....
tiga

4

cuatro
....
empat

5

cinco
....
lima

6

seis
....
enam

7

siete
....
tujuh

8

ocho
....
lapan

9

nueve
....
sembilan

10

diez
....
sepuluh

11

once
....
sebelas

12

doce

dua belas

13

trece

tiga belas

14

catorce

empat belas

15

quince

lima belas

16

dieciséis

enam belas

17

diecisiete

tujuh belas

18

dieciocho

lapan belas

19

diecinueve

Sembilan belas

20

veinte

dua puluh

100

cien

ratus

1.000

mil

ribu

1.000.000

el millón

juta

bahasa-bahasa

el inglés
....
Bahasa Inggeris

el inglés americano
....
Bahasa Inggeris Amerika

el chino madarín
....
Bahasa Cina Mandarin

el hindi
....
Bahasa Hindi

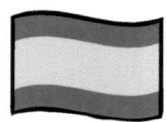

el español
....
Bahasa Sepanyol

el francés
....
Bahasa Perancis

el árabe
....
Bahasa Arab

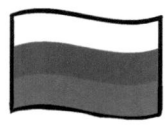

el ruso
....
Bahasa Rusia

el portugués
....
Bahasa Portugis

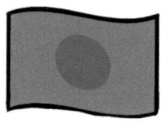

el bengalí
....
Bahasa Benggali

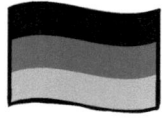

el alemán
....
Bahasa Jerman

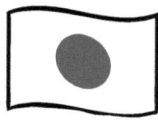

el japonés
....
Bahasa Jepun

yo

saya

tú

anda

él / ella / ello

dia / dia / ia

nosotros/as

kita

vosotros/as

anda

ellos/as

mereka

¿quién?

siapa?

¿qué?

apa?

¿cómo?

bagaimana?

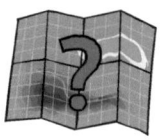

¿dónde?

di mana?

¿cuándo?

bila?

el nombre

nama

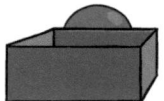

detrás

belakang

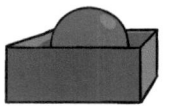

en

dalam

delante de

di hadapan

por encima de

lebih

sobre

pada

debajo de

di bawah

junto a

bersebelahan

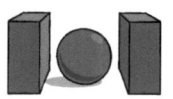

entre

antara

el lugar

tempat